BARREAU DE PARIS

ÉLOGE
DE
ROYER-COLLARD

DISCOURS PRONONCÉ
A l'ouverture de la Conférence des Avocats
Le samedi 18 décembre 1875

PAR

GUSTAVE MENNESSON
Docteur en droit,
Avocat à la Cour d'appel de Paris.

PARIS
TYPOGRAPHIE A. PARENT
Rue Monsieur-le-Prince, 29-31.

1876

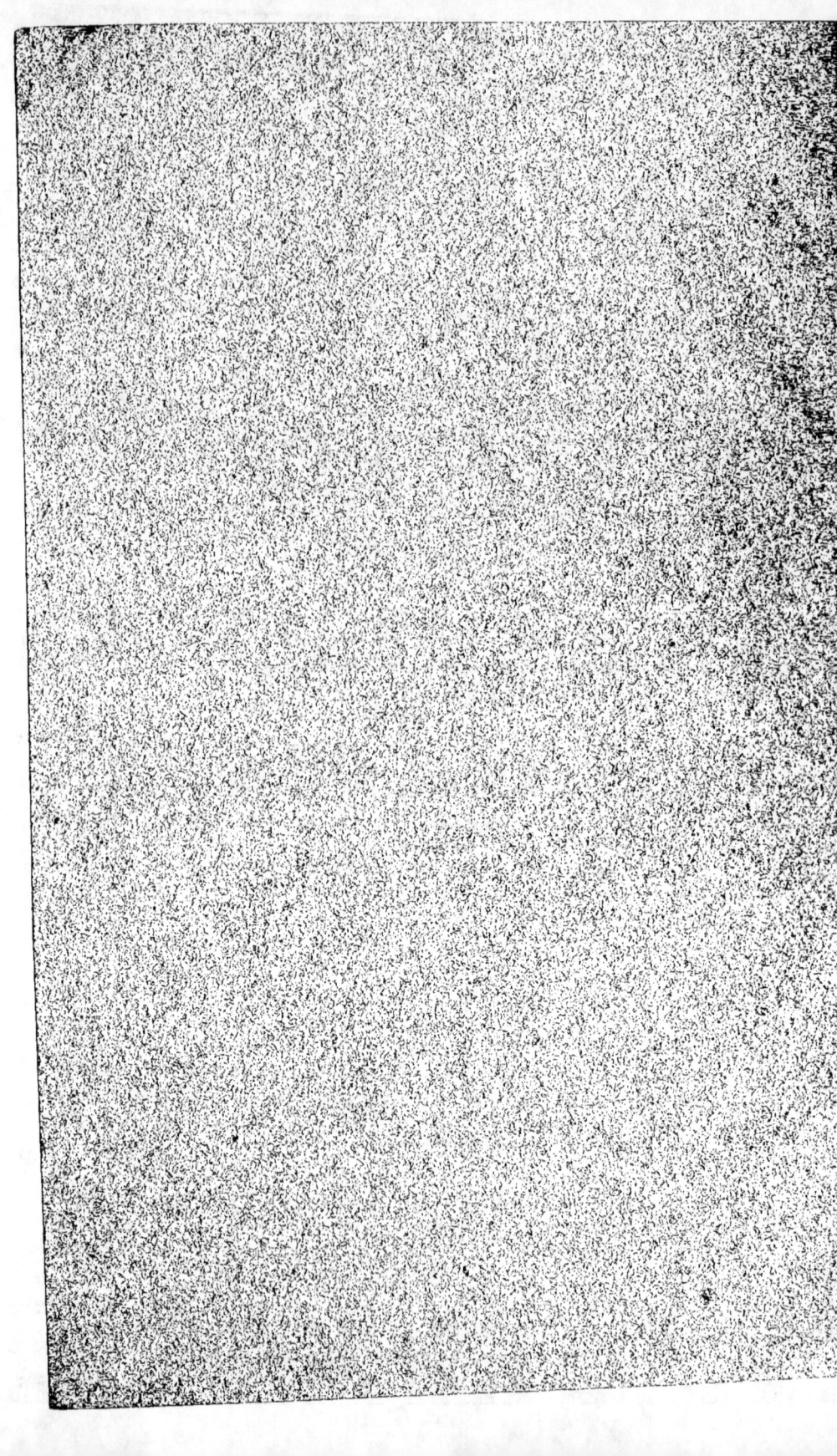

BARREAU DE PARIS

ÉLOGE

DE

ROYER-COLLARD

DISCOURS PRONONCÉ

A l'ouverture de la Conférence des Avocats

Le samedi 18 *décembre* 1875

PAR

GUSTAVE MENNESSON

Docteur en droit,
Avocat à la Cour d'appel de Paris.

PARIS

TYPOGRAPHIE A. PARENT

Rue Monsieur-le-Prince, 29-31.

1876

ÉLOGE

DE

ROYER-COLLARD

―――――⋙ ⋘―――――

Monsieur le batonnier,

Messieurs et chers confrères,

Il y a un an, à pareille époque, vous écoutiez avec un intérêt légitime l'éloge de Gerbier ; aujourd'hui nous devons nous entretenir de l'un de ses jeunes confrères, qui entrait dans la carrière au moment où lui-même la quittait, mais eut encore l'honneur de recevoir ses dernières leçons. Tous deux, le disciple comme le maître, avaient été libéralement doués des qualités qui font les grands orateurs ; mais ils devaient arriver à la célébrité par des voies bien différentes.

L'un, fils d'un avocat distingué au parlement de Bretagne, dirigé sans hésitation vers l'étude des lois et de la jurisprudence, sujet d'une monarchie absolue qu'agitaient à peine les premiers tressaillements de la liberté politique, ne pouvait appartenir qu'au barreau, s'il ne voulait trahir ni l'éloquence ni sa destinée ; aussi sa gloire est-elle complètement nôtre et pouvons-nous la revendiquer sans partage.

L'autre, né loin du palais, obligé de se frayer une route dans la vie, venu spontanément vers nous, et subitement arrêté dans sa marche par la tempête la plus formidable qui ait jamais atteint les peuples, les institutions et les individus, fut entraîné vers des contrées nouvelles qui prodiguent à l'orateur les ressources les plus riches, les plus variées, les plus fécondes. La séparation fut définitive, mais elle ne fut point assez volontaire pour que nous tenions rigueur à celui que la fortune nous enviait et voulut nous reprendre. Il nous avait donné sa jeunesse, la libre adhésion de son puissant esprit ; il avait reçu de nous en échange ces premières impressions qui ne s'effacent point, l'amour de la justice, qu'il n'abdiqua jamais, l'habitude de la parole publique, qui fut l'instrument de sa renommée, la notion d'un idéal qu'il poursuivit sans relâche. C'en est assez pour qu'il ne reste point étranger à nos fêtes et qu'il prenne place dans nos aniversaires.

Pierre-Paul Royer-Collard naquit le 21 juin 1763, à Sompuis, en Champagne.

Ce village, obscur et retiré, offrait un aspect

vraiment singulier, au milieu du scepticisme et de la frivolité élégante du xviiie siècle : un prêtre d'une haute piété, imbu des doctrines de Port-Royal, l'avait transformé en une véritable communauté de puritains catholiques ; la seule distraction permise ou désirée était la lecture de la Bible : le jour, on la lisait en labourant la terre ; le soir, à la veillée, on la lisait encore.

L'enfance de Royer Collard se passa tout entière dans la maison paternelle ; la vie des champs laissa librement se développer sa forte constitution, sa volonté énergique, son imagination ardente, dont il apprit de bonne heure à combattre les entraînements. Son éducation fut en effet ce qu'elle devait être dans le milieu austère où il était né, et le marqua d'une empreinte ineffaçable. Jamais il ne reportait sa pensée vers les jeunes années de sa longue existence sans payer un tribut de respectueuse gratitude à ses parents, à sa mère surtout qui avait entouré son berceau d'une tendresse sévère ; il leur savait gré de lui avoir transmis, non moins que la vigueur du corps, la santé de l'âme.

A douze ans, il fut placé à Chaumont chez les Pères de la Doctrine, sous la direction d'un oncle maternel, qui, pour le féliciter de ses nombreux succès, se contenta de lui dire, au sortir de ses classes : « Maintenant vous voilà bien préparé pour apprendre » et l'envoya, comme novice, à

Saint-Omer dans une autre maison de la Doctrine.

Royer-Collard se soumit docilement à un avis qui était un ordre et reprit ses études depuis les premiers éléments. Les belles-lettres, la poésie, séduisaient ce qu'il y avait de passionné dans sa nature, mais en même temps son esprit logique s'attachait aux sciences exactes. Comme Descartes, comme Leibnitz, comme Reid, il en aimait la précision et y trouvait pour ses facultés intellectuelles une gymnastique puissante. Il les enseigna même quelque temps, et elles lui devinrent assez familières pour que, quarante années plus tard, prenant possession à l'Académie française du fauteuil de M. de Laplace, il ait pu parler dignement des œuvres de son savant prédécesseur.

Mais ni l'enseignement des mathématiques, ni le noviciat ne répondent à sa vocation ; il se décide à venir à Paris pour y faire son droit, travailler chez un procureur et entrer au Barreau.

Il avait vingt-quatre ans. Notre nouveau confrère, qui ne s'appelait pas encore Royer-Collard, mais simplement Royer-le-jeune, et quelquefois Royer de Sompuis, se présentait au palais sous le patronage le plus enviable et le plus rassurant, celui de Gerbier, ancien élève de l'un de ses parents. Il lui avait été recommandé, et, s'il est permis de s'exprimer ainsi, Gerbier se recommandait à lui, non-seulement parce qu'il était Gerbier, mais encore parce que, dans un procès retentissant, il avait eu l'occasion de faire l'éloge des grands hommes de Port-Royal, de leurs vertus et de leurs doctrines, qui avaient présidé à l'éducation du jeune avocat. Royer-Collard fut prématurément privé de l'appui de notre illustre bâtonnier; mais il l'avait suffisamment connu pour proclamer que c'était en lui qu'il avait rencontré l'éloquence la plus pure et l'art de bien dire le plus achevé, et que chez lui, comme chez tout véritable orateur, le caractère était une partie du talent.

Après comme avant la mort de Gerbier, Royer-Collard fréquentait les audiences, écoutant les anciens qu'il avait choisis pour modèles, prenant des notes, reconstituant à leur aide, dans son cabinet, les plaidoiries qu'il avait entendu prononcer à la barre, cherchant ainsi par des efforts opiniâtres à ne pas laisser péricliter les affaires confiées à ses soins.

Son activité judiciaire eut un champ plus vaste qu'on ne l'imagine communément. La renommée de son rôle philosophique ou politique est tellement éclatante qu'elle laisse complètement dans l'ombre son séjour au milieu de nous. Les biographes l'abrégent à l'envi et ne mentionnent qu'une seule de ses causes, qui lui procura l'honneur de prendre la parole devant la Grand-Chambre du Parlement. Il avait en effet débuté devant cette haute juridiction et conservé de ses débuts une impression profonde, qu'avait produite sur son esprit l'aspect imposant de notre vieille Magistrature parlementaire, entourée de formes graves et solennelles, illustrée par les vertus héréditaires de ses membres, rendue populaire par l'indépendance de ses opinions politiques et religieuses envers la cour de France et la cour de Rome.

Mais on aurait tort de penser que le bagage judiciaire de Royer-Collard consiste en un seul plaidoyer, dû au hasard d'une circonstance isolée, essai dédaigneux d'une carrière à peine ébauchée. Il plaida dans la mesure que comportaient sa jeunesse et ses relations d'affaires, et sa famille conserve religieusement, comme une part de lui-même, une série de conclusions, de plaidoiries et de consultations écrites de sa main, assez nombreuses pour faire comprendre qu'il était l'un des plus occupés parmi les membres du jeune Barreau de 1785 (*a*). Sa clientèle était variée et s'étendait à travers toutes les situations sociales, depuis le paysan le plus ignoré jusqu'au seigneur le plus longuement titré; ses procès ont pour objet des questions de droit féodal, de droit international, de droit civil, de droit commercial. Une seule fois il plaide au criminel; ce n'est pas son affaire la plus importante, mais ce n'est pas la moins curieuse. Il assistait un pauvre laboureur de Mérysur-Marne en butte aux vexations continuelles de son seigneur, poursuivi par lui de juridiction en juridiction, sous le prétexte d'un délit assez bizarre : le malheureux était accusé d'avoir causé du scandale en tirant en plein jour deux coups de pistolet chargés à poudre dans l'intérieur et contre le mur de son propre enclos. La procédure se prolongea pendant près de deux années. Le juge de Méry condamna, le Bailliage royal de Châlons acquitta, et le Parlement de Paris, effrayé de la responsabilité d'une décision suprême, se résolut à mettre les parties hors de Cour, dépens compensés.

Lorsque l'on retrouve ainsi les premières manifestations demeurées inconnues d'une vaste et ferme intelligence, on se plaît à les examiner jusque dans le détail, à les interroger, à leur demander le secret de l'avenir. En cédant à cette pieuse curiosité, l'on peut, dans Royer-le-jeune, pressentir Royer-Collard. Sous une écriture nette, serrée, aux formes arrêtées, il enveloppe une pensée sobre, précise, impérieuse, qui commande à la plume et la conduit droit au but. Le style n'a point la raideur emphatique, défaut habituel des plaidoyers écrits, qui se remarque d'autant plus aujourd'hui que les maîtres modernes nous ont accoutumés aux allures vives, naturelles, rapides de la parole improvisée. La phrase se proportionne à l'importance du procès et à la situation personnelle de l'avocat, jeune, inconnu, cherchant à se concilier la bienveillance du juge, non par l'exubérance de périodes prématurées, mais par la modestie de l'attitude, la justesse de la pensée, la propriété de l'expression. Malgré cette simplicité, deux qualités ne laissent pas d'attirer l'attention : l'une est une érudition juridique rapidement acquise, mais sûre, exacte, habilement employée ; l'autre, une méthode de raisonnement rigoureuse, presque constante, analogue à celle qui se rencontrera plus tard dans ses discours politiques. D'ordinaire le plaidoyer de Royer-Collard commence par la brève indication du litige, que précise sans retard l'exposé succinct des faits de la cause; puis il recherche le principe d'où peut découler la solution demandée, le formule, le corrobore par des citations tirées des lois Romaines, des auteurs les plus estimés, des documents de la jurisprudence ; enfin il déduit du principe posé les conséquences qu'il renferme et y puise la réfutation des objections possibles. C'était là un procédé d'argumentation auquel manquait peut-être la souplesse nécessaire aux causes étendues et complexes; mais, dans la mesure où il était mis en œuvre, il donnait à la pensée de solides assises et au raisonnement une irrésistible puissance. Aussi n'est-il pas téméraire de croire que, s'il est vrai qu'au barreau la persévérance unie à quelque qualité dominante arrive tôt ou tard à maîtriser la fortune, Royer-Collard, laissé par les événements au libre exercice de la profession qu'il avait choisie, aurait inscrit son nom dans cette généalogie de dialecticiens vigoureux qui a déjà fourni à notre ordre et lui réserve encore d'éminents bâtonniers.

Cependant la révolution éclate. Sans quitter le barreau, Royer-Collard s'initie, avec la France elle-même, à la vie politique. Le 11 juillet 1789, nous le voyons encore écrire une consultation purement juridique sur une question d'affouage, et, quelques jours après, il siége à la Commune de Paris, où il avait été nommé par les électeurs de son quartier, sur lesquels il avait conquis une réelle influence par la pratique libérale de ses devoirs professionnels et le concours gratuit qu'il prêtait à tous les malheureux.

Mais s'il avait accepté avec un enthousiasme dont il ne se repentit jamais les saines idées de la révolution, il en répudiait hautement les violences, qui, selon son expression, furent l'obstacle et non le moyen, et, dès le 10 août, il proteste contre les crimes qui se préparent par l'envoi public de sa démission. Danton, son compatriote Champenois, qui affectait de le protéger, s'était vainement efforcé de le retenir; en lui faisant observer qu'il valait mieux hurler avec les loups que de s'exposer à être dévoré par eux : « Je serai dévoré, » avait froidement répondu Royer-Collard, et de fait il faillit l'être ; car, s'il quittait la Commune, il ne désertait point la lutte. Il n'était ni assez imprévoyant ni assez pusillanime pour livrer sa destinée personnelle et l'avenir de son pays au caprice des événements ; il avait la ténacité du citoyen qui demeure à son poste jusqu'à l'heure dernière et apporte dans la défense des bonnes doctrines l'énergie même de ceux qui les attaquent. Retiré dans l'île Saint-Louis, il avait conservé sur ses électeurs l'ascendant des premiers jours ; et, pendant que d'autres profitaient de leur crédit pour fomenter des émeutes, il profitait du sien pour provoquer des manifestations modérées. Payant de sa personne, il se présenta, quelques jours avant le 31 mai, à la barre de la Convention pour y lire une adresse qui dénonçait les projets de la Montagne et offrait à la Gironde un appui généreux. Cette démarche ne sauva point ce qui ne pouvait plus être sauvé et n'eut d'autre résultat que de compromettre celui qui l'avait courageusement tentée. Il lui fallut quitter Paris et se réfugier en Champagne auprès de sa mère, récemment devenue veuve. Mais la proscription est ingénieuse à poursuivre ses victimes ; des ordres sévères et des renseignements précis furent transmis aux autorités locales. Le procureur-syndic de l'arrondissement de Vitry se présenta chez Mme Royer. Sans faiblir elle tint tête à l'orage ; la scène fut d'une grandeur antique :

l'envoyé du comité de salut public, subjugué par la dignité de la femme et le dévouement de la mère, sacrifia la légalité révolutionnaire à des sentiments plus humains et fit le salut de ceux qu'il devait perdre.

Cette terrible épreuve, loin d'abattre Royer-Collard, retrempa son caractère ; il pensait que, pour être libre, il ne suffit pas à un peuple de proclamer des principes sonores et de solennelles abstractions, mais qu'il importe que chaque citoyen fasse respecter ses droits et son indépendance à chaque heure, à chaque instant, dans les détails les plus humbles de la vie quotidienne. Il en donna lui-même un exemple notable : à la fin de 1796, il estime que son village est soumis par l'administration du département de la Marne à des réquisitions arbitraires, en contradiction avec la constitution de l'an III ; de suite il rédige une protestation et une brochure à laquelle il donne pour épigraphe cette phrase de J.-J. Rousseau : « Je hais les mauvaises maximes encore plus que les mauvaises actions. » L'intérêt était modique ; il s'agissait de 8 livres, mais ces 8 livres engageaient le principe tout entier ; seul, sans appui, il n'hésite pas à se mesurer avec un pouvoir non encore désaccoutumé des procédés illégaux et met au service de sa cause une ironie qui devance Paul-Louis Courier, une hauteur âpre et dédaigneuse qui n'appartient qu'à lui, et une franchise d'autant plus méritoire que le courage civil, moins familier à notre race que le courage militaire, n'est pas toujours sûr de rencontrer le concours des bons citoyens pour combattre les interprétations mauvaises, ni l'appui éventuel des institutions judiciaires pour résister à l'administration.

Cette publication appela l'attention sur une famille dans laquelle les vertus civiques n'étaient point au-dessous des vertus privées et désigna son auteur au choix spontané de ses concitoyens. En 1797, il fut élu député au Conseil des Cinq-Cents.

En arrivant au Conseil, Royer-Collard, partisan du fonctionnement sincère de la Constitution de l'an III, était conservateur, mais il n'était point royaliste. Dans sa lettre de remercîments aux citoyens électeurs de la Marne, il avait promis de consacrer ses efforts « au retour de l'ordre, de la justice et de la liberté. » La loyauté de sa parole, ses déclarations ultérieures maintes fois réitérées nous garantissent qu'il voulait tout ce que renfermait ce programme, la liberté comme le reste, mais qu'il n'entrevoyait encore rien au-delà.

Ses actes furent conformes à ses promesses ; dans le court espace de temps où les événements lui permirent l'accès de la tribune, il y monta pour revendiquer, contre des passions encore vivantes et des préjugés souvent plus redoutés que redoutables, l'entière liberté des cultes et l'abolition des lois qui pesaient sur la religion catholique et le clergé non assermenté. Ce discours, le premier qu'il prononçait à la tribune française, n'était pas sans danger et ne fut point sans éclat. La péroraison en est demeurée célèbre : au cri de guerre de la démagogie invoquant « l'audace, puis l'audace et encore l'audace, » il opposait la devise de toute sa vie, devise pacifique, humaine, d'apparence purement juridique, mais en réalité profondément politique, « la justice, puis la justice et encore la justice. »

Cet appel à un principe que lui avaient enseigné nos habitudes judiciaires ne fut point entendu des pouvoirs politiques. Le Directoire se croyait menacé d'une contre-révolution ; oubliant la prudence autant que la légalité, il sévit à la fois contre les royalistes et les modérés, contre ses ennemis et ses adversaires, contre ceux qui méditaient le renversement du pouvoir et ceux qui demeuraient dans les limites de la Constitution. Royer-Collard ne fut pas, comme son ami Camille Jordan, désigné pour la déportation, mais son élection fut cassée.

Cette mesure illégale fixa ses destinées politiques : « Ne persécutez jamais, a-t-il souvent répété : un honnête homme pour une opinion qu'il n'a point, vous la lui donneriez. » Proscrit comme royaliste, la cause proscrite devint la sienne, non par vengeance ou ressentiment personnel, mais par un entraînement instinctif qui n'excluait ni la réflexion ni la prévoyance. A cette heure il conçut la pensée qui fut le but, l'honneur et finalement le rêve irréalisé de sa carrière militante. c'est-à-dire la conciliation de l'Ordre et de la Liberté par la réconciliation de la vieille Monarchie et de la France moderne.

Sa détermination prise, Royer-Collard ne se refuse point aux démarches que les circonstances exigent. Malgré sa répugnance à quitter le sol français, il consent même un jour à franchir la frontière pour conférer en Suisse, au milieu des armées républicaines, avec l'envoyé du comte de Provence et recevoir de lui les pouvoirs nécessaires à l'organisation d'un comité qui devait fonctionner à Paris. Jusque-là les émissaires royalistes s'étaient traînés dans des intrigues indignes de leur cause. Royer-Collard, plus prudent et plus honnête, impose ses conditions à son royal obligé : il n'accepte point d'autre mission que d'observer les événements, l'état de l'opinion, la marche du gouvernement, et de transmettre à la royauté exilée des indications exactes et de sages avis. Fidèle à son origine, le comité vécut en dehors des complots, des conspirations, des émeutes, de la Contre-Révolution et de l'Étranger; plus scrupuleux observateur des lois que les hommes de Fructidor ou de Brumaire, assistant, sans y prendre une part active, à cette surprenante négociation engagée entre Bonaparte et le comte de Provence où l'Hérédité monarchique demandait l'abdication du Génie, et la

Force, l'abdication de la Légitimité; se dissolvant par la démission volontaire de ses membres le jour où les résolutions téméraires prévalurent auprès de Louis XVIII; laissant enfin aux hommes chargés de la direction d'un grand parti politique au milieu des incertitudes d'une époque troublée; un exemple qui a été quelquefois critiqué, mais n'a jamais été surpassé en modération, en droiture, en loyauté envers le prince ou envers le pays.

Avec le Consulat et l'Empire, Royer-Collard rentre dans une obscurité qui était loin de lui déplaire, et qui abrita, pendant plusieurs années, sa vie calme, grave, charmée par l'étude, les joies de la famille et les plaisirs de l'amitié. Mais en 1811, M. de Fontanes, qui avait deviné ses aptitudes, vint le tirer subitement de sa retraite en le nommant professeur d'histoire de la philosophie à la Faculté des lettres de Paris. M. de Fontanes savait que Royer-Collard n'aimait ni l'empire ni l'empepereur. Toute servitude, même celle de la gloire, lui était insupportable. Pour vaincre sa résistance, il brusqua sa nomination et la rendit publique avant d'avoir obtenu son assentiment. Cédant à la violence amicale dont il était l'objet, Royer-Collard prit possession de sa chaire; mais on ne put obtenir de son indomptable volonté une soumission plus complète, et, malgré la prière du grand maître de l'université, il se refusa net à insérer dans son discours d'ouverture les allusions

obligées au génie et à la gloire du souverain.
L'empereur eut du reste le tact de ne pas remarquer cette omission aussi volontaire qu'insolite.

Royer-Collard avait l'esprit naturellement philosophique, et, quoi qu'il en ait dit lui-même, il manqua plus à la philosophie que la philosophie ne lui manqua. Il s'était accoutumé à pénétrer le sens intime des choses, à expliquer les faits par les principes généraux, et les principes par l'analyse des faits particuliers. Depuis longtemps il connaissait les livres de Port-Royal ; il lisait Platon, Descartes, Bacon, Leibnitz ; il n'ignorait ni Locke, ni Condillac. La lecture provoquait chez lui de profondes méditations, et il avait l'habitude de donner à ses pensées, par une rédaction personnelle, la netteté qu'elles acquièrent rarement lorsqu'elles demeurent enveloppées dans les méandres d'une réflexion muette. Néanmoins il ne s'était jamais préparé à l'enseignement, et, malgré ses lectures attentives et nombreuses, il n'avait pas encore imprimé à son esprit une direction définitive. Un hasard heureux en décida, un de ces hasards comme les hommes supérieurs savent seuls en rencontrer. Un jour, dans une promenade solitaire, il aperçut sur les quais, parmi des volumes dépareillés, un ouvrage dont le titre annonçait des recherches sur l'entendement humain d'après les principes du sens commun, par le docteur Thomas Reid ; il l'ouvrit, le parcourut, fut frappé des doctrines qui y étaient enseignées et l'acheta de suite pour un prix modique. A compter de ce jour, le philosophe écossais devint son guide, son maître, et l'on a pu dire, non sans raillerie, mais non sans apparence de vérité, que pour trente sous avait été achetée et fondée la nouvelle philosophie française.

J'aurais voulu, Messieurs, avoir le temps, d'insister sur cette partie de la vie de Royer-Collard : je vous aurais dit l'état de la science philosophique au moment où il inaugurait son enseignement ; la domination à peu près exclusive de la doctrine de Condillac et l'influence de son dernier représentant officiel dont la parole facile, élégante, spirituelle, captivait un nombreux auditoire ; la lutte engagée par Royer-Collard contre l'esprit de système, les théories préconçues, les doctrines toutes faites ; sa préférence pour les inspirations de la conscience et du sens commun ; quelques élèves, les Cousin, les Jouffroy, d'abord attirés par la nouveauté de l'enseignement, puis retenus par les qualités du maître ; la précision de sa pensée, la beauté de son langage, la sûreté de sa méthode ; ses efforts dirigés, pendant trois années, avec la patience d'un rénovateur sur un problème unique ; ses leçons répétées ébranlant peu à peu et finissant par abattre l'édifice plus élégant que solide de la philosophie du xviiie siècle ; — puis, jetant un regard sur l'avenir, à la faveur de ces larges avenues qu'une main prévoyante traçait au milieu des décombres, nous aurions entrevu, sur les sommets où la Vérité réside, les premières lignes du monument que la philosophie régénérée va bientôt consacrer aux doctrines sublimes qui donnent à l'homme sa grandeur terrestre et ses divines espérances.

Mais, dans une vie aussi longue et aussi remplie, les étapes sont nombreuses et les haltes sont courtes. L'heure nous presse ; retenons seulement que la philosophie vient se joindre à tout ce que la nature, l'éducation et les circonstances ont déjà fait pour Royer-Collard : c'est une force dernière qui complète et coordonne toutes les autres. Maintenant nous pouvons les récapituler. Nous trouverons en lui la fermeté du caractère, l'énergie de la volonté, la maturité de l'âge, l'intégrité de la vie, l'expérience des hommes et des choses, l'étendue et la variété des connaissances, l'art de penser, d'écrire, de parler. C'était beaucoup, mais il n'estimait pas que ce fût trop ; il exprime ses sentiments à cet égard dans deux lettres qu'il écrivait en 1837 à l'un de ses amis pour le dissuader d'arriver trop tôt à la vie politique : « Ce n'est pas
« là, disait-il, qu'il faut chercher la gloire, il faut
« l'y apporter ; — dans un temps d'instabilité, il
« n'est pas bon d'entrer trop jeune dans les af-
« faires publiques. Si j'avais eu ce malheur, j'au-
« rais été incapable de la conduite que j'ai eue
« sous la Restauration, et tout ce que j'ai de vie
« publique est là » (*b*).

C'est maintenant cette vie publique qu'il nous faut parcourir à grands pas.

L'Empire venait de s'effondrer, entraînant la fortune militaire de la France et prouvant, par un premier exemple, que la liberté n'est pas moins nécessaire à la grandeur matérielle d'un peuple qu'à sa dignité morale.

A défaut de la gloire des armes, les Bourbons, ramenés par la force des choses autant que par l'étranger, devaient restituer au pays ses franchises gouvernementales, conquêtes légitimes de la Révolution tour à tour compromises par l'anarchie et la dictature. La Charte, réalisation tout au moins partielle des espérances publiques, fut le don de joyeux avénement de la royauté restaurée. On aurait pu croire que la rédaction de la Constitution nouvelle appartenait de droit, dans une large mesure, à Royer-Collard, que désignaient au roi son dévouement depuis longtemps éprouvé, ses qualités personnelles et son intimité avec l'abbé de Montesquiou, ministre dirigeant des premiers temps du règne. Toutefois, il n'en fut rien. Le texte de la Charte ne fut point l'œuvre de Royer-Collard, et il a pu conserver toute sa liberté d'esprit pour en devenir l'interprète le plus clairvoyant et le plus sincère.

La Restauration comprit cependant qu'il y a des talents et des services qu'il n'est jamais permis de méconnaître. Avec plus de bon vouloir que de tact, Royer-Collard fut interrogé pour savoir s'il accepterait le titre de comte : « J'ai assez de dévoûment pour oublier cette impertinence, » fut toute sa réponse, et il tint parole en donnant son concours au gouvernement du roi comme directeur de la Librairie et comme conseiller d'État.

Les circonstances allaient lui permettre de faire plus encore. Le retour de l'île d'Elbe, la légitimité reprenant le chemin de l'exil, le drapeau tricolore remplaçant le drapeau blanc, Waterloo, défaite suprême, l'étranger une deuxième fois sous les murs de Paris, l'humiliation et l'exaltation successives des partis qui se disputent l'avenir, tous ces événements pressés dans l'espace de quelques jours avaient énervé les caractères et surexcité les esprits. Après vingt-cinq années remplies par des luttes intestines et la guerre étrangère, l'Émigration victorieuse et la Révolution vaincue se trouvaient définitivement en présence avec leurs rivalités, leurs terreurs, leurs mécomptes, leurs espérances: les uns, aigris par l'exil, dépouillés par la proscription et prêts à proscrire à leur tour ; les autres, nouvellement appelés à la richesse et à la puissance, amis de la liberté politique et plus encore de l'égalité sociale, préférant les extrémités les plus redoutables à un brusque retour vers les anciens priviléges; tous, enfin, survivants des journées de la Révolution et des batailles de l'Empire, plus habitués à l'emploi de la force qu'à l'usage paisible et régulier des institutions parlementaires.

Mais, au milieu des passions déchaînées, la reconnaissance publique se porte sur quelques orateurs qui osent faire appel à des sentiments plus nobles, plus élevés, plus généreux. Venus de divers points de l'horizon politique, ils se recrutent dans les rangs de tous ceux qui, suivant l'expression du cardinal de Retz, « n'ont été ni Mazarins, ni Frondeurs et n'ont voulu que le bien de l'État, espèce de gens qui ne peut rien au commencement des troubles, mais qui peut tout à la fin. »

Bientôt les plus marquants prennent un nom, un rôle, une physionomie distincte; comme ils se donnent pour mission de combattre les partis, ils s'abstiennent d'en former un de plus, et cette abstention leur est d'autant moins pénible que leurs individualités un peu ombrageuses goûtent médiocrement l'esprit de discipline et beaucoup l'esprit d'indépendance. Mais, s'ils ne concertent pas leurs efforts, ils se réunissent pour échanger leurs idées. Instruits par l'étude de l'histoire et de la philosophie, ils distinguent les idées libérales des procédés révolutionnaires, et l'institution monarchique des abus de l'ancien régime. Désireux de tenir compte des faits accomplis et de ne léser aucun droit, désintéressés pour eux-mêmes, ambitieux pour leurs doctrines, ayant le respect du passé et l'intelligence du présent, ils veulent préparer la stabilité de l'avenir en fondant le gouvernement nouveau sur des bases rationnelles. Hommes de conseil, sachant se décider à l'action, ils s'interposent entre ceux qu'avaient mis aux prises les catastrophes les plus sanglantes de l'histoire, et conçoivent la pensée de rétablir la paix sociale en soumettant les passions et les intérêts au joug salutaire des principes et de la raison.

De même que les doctrinaires (car je les ai nommés) étaient considérés comme les chefs de l'opinion modérée, de même Royer-Collard était considéré comme le chef des doctrinaires, et l'on raconte qu'ils durent d'abord leur dénomination, non à leurs doctrines arrêtées, mais à une épigramme lancée contre l'ancien élève des Pères de la Doctrine. Quant à lui cependant, il déclinait cet honneur et cette responsabilité. Certes, il ne craignait de mettre en avant ni sa personne, ni ses opinions; il l'avait bien prouvé au cours de la Révolution, il le prouvera de nouveau lors de l'adresse des 221; mais, poussant jusqu'aux dernières limites le respect de sa personnalité, il voulait se présenter devant l'histoire avec ses seuls actes et ses seuls principes. Toute solidarité, même avec les hommes les plus honorables, gênait sa liberté d'appréciation et effrayait sa conscience.

Au surplus, il savait fort bien qu'il comprenait la Restauration autrement que ceux dont il était entouré. Aucun d'eux ne voulait au même degré ne conserver de la Révolution que la Charte et de la Contre-Révolution que le Roi; aucun n'avait sur la légitimité des doctrines aussi définies. Si vous demandez à la plupart d'entre eux ce qu'ils pensent de la monarchie légitime, ils vous répondront, sinon dans leurs discours, du moins par leur conduite, que c'est une institution politique favorable au principe d'autorité, utile par le rôle qu'elle remplit, respectable par l'utilité qu'elle présente, mais qu'il peut y avoir avec elle des accommodements, et qu'à défaut de la légitimité pure, ils sont prêts à servir une quasi-légimité. Royer-Collard arrive moins facilement à composition. Chez lui, l'homme d'État se souvient toujours de l'homme de loi; la notion de l'utile cède le pas à la notion du droit : « La légitimité, dit-il, est l'idée la plus profonde à la fois et la plus féconde qui soit entrée dans les sociétés modernes; elle rend sensible à tous, dans une image immortelle, le droit, ce noble apanage de l'espèce humaine, le droit, sans lequel il n'y a rien sur la terre qu'une vie sans dignité et une mort sans espérance. »

Mais ne craignez pas, messieurs, que cette notion absolue de la légitimité entraîne à sa suite la notion du pouvoir absolu. Si son passé n'était point là pour nous rassurer, il nous prémunirait lui-même contre cette supposition : avec la monarchie légitime il veut la liberté, et il reconnaît sans détour que « La monarchie légitime et *la liberté* sont les conditions absolues de notre gouvernement, parce que ce sont les besoins absolus de la France. »

L'alliance indissoluble de la légitimité et de la liberté, du roi et de la nation, sous les auspices du droit, telle est donc en quelques mots sa doctrine politique, et l'on ne s'aventure pas beaucoup lorsqu'on affirme qu'il en doit l'idée fondamentale à la science juridique. Mais c'est à la philosophie qu'il demande le moyen d'en obtenir le succès. Il nous l'indique dans une phrase que l'on cite souvent comme exemple extrême de sa concision oratoire, mais qui sert mieux encore à caractériser ses maximes gouvernementales : « Le roi, c'est la légitimité ; la légitimité, c'est l'ordre ; l'ordre, c'est le repos ; le repos s'obtient et se conserve par la modération, vertu éminente que la politique emprunte à la morale et qui n'est pas moins nécessaire à la stabilité des gouvernements et à la prospérité des États qu'au bonheur des particuliers. La modération, attribut naturel de la légitimité, forme donc le caractère distinctif des véritables amis du roi et de la France. » Elle forme aussi le caractère distinctif de sa politique, et c'est par elle qu'il maintient l'unité de sa vie, sollicitée en sens contraire par la dualité de ses tendances à la fois monarchiques et libérales. Tantôt il invoque la prérogative royale pour modérer les entreprises du Parlement ; tantôt il s'appuie sur le Parlement pour modérer l'usage de la prérogative royale. Suivant les temps, il se porte au secours de l'autorité ou de la liberté ; mais il peut se rendre ce témoignage qu'il n'a jamais été du parti de la violence, qu'il a toujours été du côté de la modération : « Dans le cours d'une longue vie, a-t-il dit, au milieu d'événements si divers, en présence de tant de catastrophes, je ne me suis jamais senti empressé d'aller au secours des forts, je ne me suis jamais tourné contre les faibles. Je les ai vu trop souvent accabler, écraser contre la justice et la saine politique pour que ma sympathie ne se déclare pas d'abord en leur faveur, lors même que leur cause n'est pas la mienne. »

Cette magnanimité ne le relègue point d'ailleurs dans le monde des chimères. Il est de son pays, de son temps ; attentif aux nécessités de la politique journalière, il se garde d'imposer la perfection au gouvernement de son choix et considère ses embarras autant que ses devoirs ; il avoue qu'il est facile d'abuser des circonstances, « mais qu'il est dangereux aussi de vouloir se soustraire à leur empire, qui, pour les nations, comme pour les particuliers, est celui de la nécessité. » Et, entraîné par cette théorie de l'exception érigée en principe parfois nécessaire, il vote, au besoin il soutient les mesures extraordinaires demandées par la Restauration contre la liberté de la presse ou même contre la liberté individuelle.

Toutefois, sous la docilité rebelle du politique, on voit percer la méfiance du moraliste. S'il accepte ou plutôt s'il subit l'arbitraire, il prend ses sûretés contre lui : il demande qu'à l'exemple de la république romaine et de l'aristocratique Angleterre, il ne soit confié qu'à des fonctionnaires de l'ordre le plus élevé, pour que, par l'élévation de leur rang, ils soient moins accessibles aux préventions populaires et à l'esprit de parti. Ce n'est même pas assez : il veut que ce pouvoir reste marqué d'un signe indélébile qui le révèle tout d'abord aux yeux, et il ne consent pas à le déguiser sous une sorte de parure légale; car il pense que « la plus sûre défense que l'on puisse se réserver contre le pouvoir arbitraire quand on a le malheur d'en avoir besoin, c'est de lui laisser sa véritable physionomie et de l'appeler par son nom. »

Ces restrictions paraissent rassurer sa conscience, et cependant on s'aperçoit bien vite, à une plus grande facilité d'inspiration, à une plus grande ampleur de style que de toutes les lois d'exception, c'est la plus clémente qu'il préfère, celle qui réalise la promesse d'amnistie faite par le roi lui-même dans sa proclamation de Cambrai.

Avec quelle satisfaction il affirme la plénitude du pardon royal! « Pour nous français, car nous le sommes encore, le pardon royal promis ou proposé, c'est le pardon lui-même, le pardon tout entier. Le roi veut que nous le proclamions avec lui; remercions le roi, ne contestons pas avec sa bonté, surtout quand elle aide à sa politique et qu'elle en est inséparable. »

Avec quelle sévérité il traite les rigueurs systématiques de M. de la Bourdonnaye! « Ce n'est pas toujours le nombre des supplices qui sauve les empires. L'art de gouverner les hommes est plus difficile, et la gloire s'y acquiert à un plus haut prix. Nous aurons assez puni, si nous sommes sages et habiles, jamais assez si nous ne le sommes pas! »

Avec quelle vigueur il stigmatise la confiscation, qui, chassée de nos codes, cherche à y rentrer en se dissimulant sous un nom d'emprunt! « Les confiscations sont l'âme et le nerf des révolutions; après avoir confisqué parce qu'on avait condamné, on condamne pour confisquer; la férocité se rassasie; la cupidité, jamais... »

Aussi bien ce n'est pas sur des lois d'exception que l'on peut compter pour la fondation d'un gouvernement durable; tôt ou tard, il faut revenir aux lois de principe. Là, Royer-Collard recouvre toute son autorité, et, malgré la rapidité du cours des choses politiques, nous entendons encore, après un demi-siècle, invoquer respectueusement son nom dans les chambres françaises et même dans les chambres étrangères.

Rien ne reste en dehors du cercle de son intelligence et de sa compétence : constitution, magistrature, armée, finances, loi électorale, université, concordat, loi sur la presse ; sur toutes choses, il est prêt à donner son opinion ; sur toutes, on est heureux de la connaître ; souvent il transforme le débat et toujours il l'éclaire en mettant en pleine lumière ce qu'il appelle les principes de gouvernement et de droit public. Il est accepté comme le législateur du législateur.

On scrute sa pensée, on attend ses discours, on recueille ses paroles, et il arrive que les unes ne produisent pas de moindres effets que les autres : elles abrègent les discussions ou même les suppriment. Ainsi en est-il advenu dans l'affaire du concordat négocié par M. de Blacas avec plus de zèle religieux que de sagacité politique ; par son adoption on serait retourné de plusieurs siècles en arrière et remonté du premier Consul à François Ier. Royer-Collard, que le souvenir de son attitude au conseil des Cinq-Cents, protégeait contre le soupçon d'impiété et d'athéisme, était consulté de toutes parts ; il ne cachait point son appréciation, et, dans le laisser-aller de la conversation, l'exprimait avec une vivacité que n'aurait point comportée la tribune : « Signer le Concordat disait-il, était un crime politique, le soutenir est une bêtise. » Le ministère ne s'était pas aperçu du crime ; il recula devant l'autre reproche, que les hommes d'Etat trouvent, dit-on, plus cruel que le premier, et le concordat ne fut pas soutenu.

Mais, pour réussir, il fallait ordinairement de plus rudes labeurs. La première de ces luttes où nous voyons Royer-Collard obligé de multiplier son intervention fut celle de la loi électorale.

Il y attachait une importance extrême. S'il n'y avait cherché qu'une arme pour le triomphe d'un parti politique, il aurait été déçu dans ses calculs : soit indépendance réelle, soit réaction inconsciente, soit protestation réfléchie, le corps électoral de la Restauration ne se fit point faute de traiter en ennemi le parti qui voulut lui parler en maître. La loi de 1817, rédigée par le centre contre la droite, ramena dès 1820 la droite au pouvoir, et la loi de 1820, rédigée par la droite contre le centre, enfanta la chambre de 1827 et l'adresse des 221. — Royer-Collard donnait à la loi électorale une portée plus grande ; par elle, il voulait législativement consacrer la transformation sociale opérée par la révolution, l'avènement définitif de la démocratie aux affaires publiques. Il avait conçu l'ambition d'englober dans une même organisation gouvernementale et de faire vivre en parfaite harmonie les trois principes qui, depuis l'origine des temps, se sont partagé la direction des sociétés humaines : au principe monarchique il donnait un roi, « protecteur universel, représentant perpétuel de l'unité, de la force et de l'indépendance de la nation »; au principe aristocratique, une chambre héréditaire recrutée parmi les supériorités sociales, « essentiellement gardienne de l'ordre qui les protége et de la stabilité qui les conserve »; à la démocratie enfin, une chambre élective « essentiellement gardienne de la liberté ». Il est vrai qu'il renfermait l'élection dans des limites qui paraîtraient aujourd'hui singulièrement étroites; ses colléges électoraux, tout départementaux qu'ils étaient, se perdraient dans l'immensité du suffrage universel; mais l'on peut s'en fier à la vitalité du principe électif : de lui-même il se développera, et, après avoir conquis la totalité de la nation, on le verra conquérir à son tour la totalité des pouvoirs politiques. On ne peut nier toutefois qu'un pareil résultat ne détruise l'équilibre des combinaisons de Royer-Collard. Cherchant la vérité applicable aux temps où il vivait, il ne voulait pas plus l'absorption du principe monarchique ou aristocratique dans le principe électif que la compression de ce dernier par ses deux rivaux. Mais s'il avait dû vivre, penser et agir à une autre époque, aurait-il conservé les mêmes doctrines, se serait-il assigné le même but ? Sans doute il serait irrespectueux de formuler une réponse qui relève de sa seule conscience et de sa haute intelligence; mais tout au moins est-il permis de se souvenir du langage qu'il opposait aux velléités rétrogrades dont il était témoin : « Les fleuves ne remontent pas vers leurs sources; les événements accomplis ne rentrent pas dans le néant. Quand l'état d'une société est fixé et qu'il est manifeste, il est la conduite de la Providence sur cette société et la soumission lui est due comme à tout ordre établi ; c'est là le véritable droit divin... » Et ailleurs : « L'aristocratie, la démocratie ne sont pas de vaines doctrines livrées à nos disputes, ce sont des puissances qu'on n'abat point, qu'on n'élève point par la harangue ou par l'injure. Avant que nous parlions d'elles, elles sont ou ne sont pas. Toute l'œuvre de la sagesse est de les observer et de les diriger. »

La droite, vaincue dans le débat sur la loi électorale, chercha contre Royer-Collard une revanche toute personnelle en critiquant le budget de l'instruction publique. L'instruction publique ne formait point encore un département ministériel. Sous l'empire, elle avait eu pour grand maître M. de Fontanes. Sous la Restauration, elle était dirigée par une commission composée des savants les plus considérables et présidée par Royer-Collard. Dans l'opinion publique et devant les chambres, le président était regardé comme le successeur du grand maître et avait la responsabilité de l'enseignement national. Royer-Collard tenait en sincère estime l'institution qui lui était confiée et s'efforçait de la maintenir au niveau des légitimes exigences de la civilisation. Chaque année, il se faisait un devoir de présider la distribution des prix universitaires et d'indiquer dans le discours d'usage l'esprit et la portée des innovations accomplies. C'est ainsi qu'il annonça successivement à son jeune auditoire l'introduction de l'étude de l'histoire, de la philosophie, des sciences naturelles, qui apprennent à l'homme ce qu'il a été, ce qu'il doit devenir et dans quel milieu la Providence l'a placé pour remplir ses destinées.

L'enseignement secondaire n'était point le seul qui attirât sa sollicitude. Il se préoccupait aussi de l'instruction primaire ; il croyait que « le jour où la Charte fut donnée, l'instruction universelle fut promise, parce qu'elle fut nécessaire. » Il constatait avec satisfaction que l'instruction primaire se relevait chaque jour de l'abaissement où elle languissait oubliée et que sa diffusion ne pouvait qu'être utile à la bonne cause; car « mieux les lois seront comprises, plus elles seront respectées ; l'ordre est en péril aussi longtemps qu'il est un mystère ; les lumières ne servent pas moins à obéir qu'à commander. »

Avec un tel sentiment du rôle de l'Université, l'on comprend que, lorsqu'elle fut attaquée, il la défendit avec une conviction loyale, dévouée, reconnaissante, et même ceux qui ne partageraient point ses doctrines absolues, ne peuvent nier la grandeur du tableau qu'il en trace.

« L'Université, disait-il, n'est autre chose que le gouvernement appliqué à la direction universelle de l'instruction publique, aux collèges des villes comme à ceux l'Etat, aux institutions particulières comme aux collèges, aux écoles des campagnes comme aux facultés de théologie, de droit et de médecine. L'Université a été élevée sur cette base fondamentale que l'instruction et l'éducation publiques appartiennent à l'Etat et sont sous la direction supérieure du Roi. Il faut renverser cette maxime pour en renverser les conséquences, et, pour la renverser, il faut l'attaquer de front ; il faut prouver que l'instruction publique et avec elle les doctrines religieuses, philosophiques et politiques qui en sont l'âme, sont hors des intérêts généraux de la société, qu'elles entrent naturellement dans le commerce comme les besoins privés, qu'elles appartiennent à l'industrie comme la fabrication des étoffes, ou bien peut-être qu'elles forment l'apanage indépendant de quelque puissance particulière qui aurait le privilège de donner des lois à la puissance publique. »

Non seulement il défendait l'Université envisagée en elle-même, mais il défendait aussi ses principes, son enseignement, ses doctrines, et il couvrait de son honorabilité personnelle les hommes estimables et modestes qui ne se fatiguent point d'y remplir, à travers toutes sortes de contradictions ou de déboires, les fonctions les plus laborieuses et les plus utiles ; et il se résumait en affirmant que « contre une institution qui donne à la société de si hautes garanties, la calomnie est absurde et que l'insulte serait ridicule. »

Ce n'est pas au surplus que Royer-Collard n'ait eu l'intuition de quelque profonde réforme. A la chute même de l'Empire, il avait songé à faire pénétrer dans l'édifice impérial, tout cimenté de despotisme, un peu d'air et de jour. Il avait songé à une vaste décentralisation qui aurait compris dix-sept universités, possédant chacune son conseil, son recteur, ses facultés, ses colléges royaux et communaux, mais demeurant toutes sous une règle et surveillance uniques, celles du conseil royal de l'instruction publique. La révolution du vingt mars empêcha la mise en pratique de ce système, bien qu'il eût été consacré par une ordonnance insérée au *Moniteur*. La réflexion inspira la crainte que cette combinaison, qui n'était pourtant ni le morcellement, ni la mutilation de l'Université, permît à des influences contraires de se substituer à celle de l'Etat, et Royer-Collard se rallia à l'ordre de choses préétabli, préférant ainsi l'excès même de la centralisation à tout ce qui aurait pu raviver la division des esprits, mais regrettant sans doute un plan d'organisation qui faisait la part de la liberté, tout en retenant les maîtres et les élèves dans les liens d'une discipline commune.

Royer-Collard, par son énergie, avait sauvé l'Université.

Il ne fut pas moins heureux dans ses efforts en faveur de la Presse.

C'est à M. de Serre que l'on a l'habitude de faire remonter presque exclusivement l'honneur de la législation libérale de 1819. Sa situation officielle, son rôle dans la discussion générale, l'éclat de ses improvisations ont attiré sur lui l'attention des contemporains et des publicistes; mais sa voix n'était en définitive que l'écho de la pensée même de Royer-Collard. C'est Royer-Collard qui, dès l'année 1817, indiquait les progrès à réaliser. C'est lui qui, avec ses amis, rédigea les projets soumis aux Chambres et leur imprima, pour ainsi dire, son cachet personnel. Après avoir, pendant quelques années, sacrifié le droit aux circonstances, il voulait enfin plier les circonstances à l'observation du droit, et faire, non une œuvre d'expédients, mais un travail durable, complet, harmonieux dans ses parties diverses, point de repère de tous les principes, point de départ de toutes les innovations, critérium libéral de toutes les lois ultérieures.

Tout a été dit, Messieurs, sur la presse, sur sa

puissance, sur les services qu'elle rend et les dangers qu'elle présente, sur la nécessité de la contenir, comme les autres manifestations de l'activité humaine, dans de justes limites et sur la difficulté de tracer ces limites elles-mêmes. Il serait superflu de vous rappeler les règles suivies par le législateur de 1819 pour trancher ces graves questions, dont la solution a toujours été le péril et la condition de la liberté. Mais ce que l'on ne doit pas se lasser de redire, tant qu'on ne se lassera pas de l'oublier, c'est l'analyse rigoureuse à l'aide de laquelle Royer-Collard découvre la notion essentiellement variable et inconsistante des délits commis par la voie de la presse ; c'est encore la logique inflexible de son raisonnement qui force l'esprit à conclure de la mobilité du délit à l'impossibilité d'une définition légale, de l'impossibilité d'une définition légale à l'arbitraire de la répression, de l'arbitraire de la répression au danger de l'établissement d'une véritable tyrannie, de la crainte de cette tyrannie à la nécessité du jury. Il faut que l'arbitraire soit partout, pour qu'il ne soit nulle part ; il faut surtout qu'il soit ailleurs qu'entre les mains des pouvoirs établis. Sans en désigner aucun, il les récuse tous : « Les pouvoirs, dit-il, ont, comme les individus, leur tempérament, leurs mœurs, leurs instincts naturels qui les dirigent à leur insu. Le bruit les importune, le mouvement les inquiète, la censure leur est amère. La liberté de la presse, devant laquelle ils sont responsables, leur semble une ennemie. Plus sensibles à ses inconvénients que touchés de ses avantages, il est à craindre qu'ils n'inclinent sans cesse à resserrer ses limites. Toujours juges et parties, quel que soit le pouvoir offensé, parce qu'il y a entre eux une sorte de sympathie et de solidarité qui leur fait ressentir réciproquement leurs injures, tant que l'Auteur de la Nature n'aura pas changé les lois du cœur humain, ce n'est pas d'eux que la liberté de la presse doit attendre, dans la dispensation de l'arbitraire, la constante protection dont elle a besoin.»

Il serait facile, Messieurs, de multiplier ces citations, où la hardiesse de la pensée se justifie par la loyauté des intentions. Elles feraient voir jusqu'à l'évidence qu'il est plus simple de méconnaître l'aptitude du pays à jouir de la liberté de la presse que les conditions mêmes au milieu desquelles cette liberté peut s'épanouir. Après avoir lu la démonstration presque syllogistique de Royer-Collard, il peut sans doute se faire que les esprits défiants se retranchent derrière leur scepticisme, les esprits politiques derrière d'impérieuses nécessités qui faisaient momentanément courber la tête à Royer-Collard lui-même ; mais nul ne peut plus alléguer l'ignorance des vrais principes ; ils ont été irrévocablement posés, et, ainsi que le disait le général Foy, ce qui en reste ramènera tôt ou tard ce que l'on a perdu.

La cause du jury plaidée et gagnée, Royer-Collard ne se croit pas encore quitte envers la liberté de la presse, et, jusque dans la discussion des articles, on retrouve ses tendances généreuses, son souci de subordonner à des doctrines supérieures même ce qui pourrait être considéré comme son intérêt personnel.

Animé des sentiments religieux les plus incontestables, il combat les amendements qui soumettent à la même répression les outrages à la morale religieuse et les outrages à la morale publique. Fonctionnaire et mêlé comme ses contemporains aux événements des dernières années, il demande que la preuve des faits diffamatoires soit admise contre les dépositaires ou agents de l'autorité. Membre de la Chambre des députés, il sollicite ses collègues de restreindre l'immunité parlementaire aux discours tenus dans les chambres et de la refuser aux opinions que les députés, sans les avoir émises à la tribune, voudraient faire connaître par la voie de l'impression. En vain, invoque-t-on l'intérêt commun ; il craint que, sous une forme bénigne, la disposition proposée n'accorde au député contre ses concitoyens le privilége de l'inviolabilité ; il estime que c'est retomber dans « la grande et constante erreur de la révolution, qui fut de vouloir faire la liberté avec le despotisme, l'égalité avec le privilége et trop souvent la justice avec la violence et la cruauté, » tandis qu'une expérience de trente années avait suffisamment prouvé que « la liberté ne se fait qu'avec la liberté, l'égalité avec l'égalité et la justice avec la justice. »

Le vote des lois sur la presse complétait l'ensemble d'une situation sur laquelle les yeux de Royer-Collard pouvaient se reposer avec quelque complaisance. La politique extérieure du gouvernement venait d'obtenir un avantage dont nous connaissons nous-mêmes tout le prix, la fin de l'occupation étrangère. A l'intérieur, les lois d'exception tombaient une à une : la suspension des garanties de la liberté individuelle en 1817, les cours prévôtales en 1818, la censure en 1819. Le roi, momentanément circonvenu par la droite, avait sacrifié M. de Richelieu, l'heureux négociateur de l'affranchissement du territoire, au maintien de M. Decazes, dont la politique intérieure était plus modérée, et celui-ci s'était adjoint M. de Serre en lui donnant le ministère de la justice. Il semblait donc qu'une monarchie constitutionnelle, conservatrice par son essence, libérale par sa politique, allait donner satisfaction aux espérances et aux théories de Royer-Collard.

Malheureusement de fâcheux symptômes faisaient déjà présager l'orage. La loi électorale, victorieusement attaquée devant la Chambre des pairs, n'avait été sauvée dans la Chambre des députés qu'à une faible majorité ; des conspirations militaires que provoquait le regret du drapeau tricolore plus que l'amour de la liberté, des élections qui, avec le concours des ultra-royalistes, portaient à la Chambre des noms ouvertement hostiles au nouvel ordre de choses, semaient l'inquiétude dans le ministère et dans la famille royale.

Un crime précipita les événements. M. Decazes dut quitter le ministère après l'assassinat du duc de Berry, et M. de Richelieu, rappelé au pouvoir, crut devoir revenir aux lois d'exception. Royer-Collard fit entendre à la tribune l'expression de sa fidélité attristée et de ses funestes pressentiments ; il caractérisa sévèrement les mesures proposées ; il les appelait « des emprunts usuraires qui ruinent le pouvoir lors même qu'ils semblent l'enrichir. » Dans l'intérêt du gouvernement il voulait qu'on s'en abstînt, « autant qu'il est possible, comme d'une mauvaise conduite, d'un désordre » ; il savait que le pays aime à faire crédit aux pouvoirs nouveaux, mais qu'il finit par réclamer son dû avec une ardeur qui n'a d'égale que sa longanimité première.

Cependant, pour manifester son bon vouloir envers le ministère et faire la part des inquiétudes royales, il consentit pour un an la censure des journaux, et il aurait accepté quelque modification dans la composition des colléges électoraux, leur réunion au chef-lieu d'arrondissement remplaçant la réunion au chef-lieu de département. Mais il ne voulait pas franchir ces limites. Non-seulement le ministère établissait les colléges d'arrondissement; mais il leur superposait un collége départemental et demandait au profit des plus imposés la faveur d'un double vote. C'était rompre, au détriment de la démocratie, l'harmonie gouvernementale créée par la loi de 1817.

Royer-Collard lutta de toutes ses forces contre le rétablissement d'une caste privilégiée. La part des inégalités sociales avait été faite par la charte qui avait créé la Chambre des pairs ; en dehors de là, il voulait l'égalité entre les membres du corps électoral. « Nous sommes tous pairs ou peuple, disait-il, et, si quelqu'un prétend être autre chose, qu'il dise ce que c'est. »

Sa résistance fut inutile. Après une discussion longue, passionnée, orageuse, surexcitée par les désordres de la rue, le projet ministériel fut voté par la droite et une partie du centre, qui, sous l'empire d'une terreur momentanée, compromettait, pour un temps illimité, son avenir et l'avenir des idées modérées.

Le ressentiment du ministère survécut à son triomphe : il ne pardonna point aux doctrinaires leur indépendance et leurs avertissements. Ne pouvant les bannir de la Chambre, il les bannit du moins du Conseil d'État. La fatalité voulut que ce fût M. de Serre qui soumît à la signature du Roi l'ordonnance portant révocation de

MM. Royer-Collard, Camille Jordan, Guizot et de Barante. Royer-Collard fut vivement atteint; il se plaignit, non du coup qui le frappait, mais de la main qui l'avait dirigé.

Il y avait eu entre M. de Serre et Royer-Collard une amitié profonde, digne de leurs grands cœurs et de leurs nobles esprits, digne des luttes qu'ils avaient soutenues pour la même cause et du but vers lequel tendaient leurs communes espérances. Sortis, l'un, des rangs de l'émigration, l'autre, des rangs de la bourgeoisie libérale de 1789, ils s'étaient rencontrés, dès le commencement de la Restauration, dans une même pensée de paix, de concorde et d'union; depuis lors, ils avaient eu les mêmes amis et les mêmes adversaires. Au moment de la crise électorale, M. de Serre rentrait à Paris, revenant de Nice, où il était allé chercher vainement la guérison des premières atteintes du mal auquel il devait succomber. Royer-Collard, informé de son retour, anxieux de la résolution qu'il allait prendre, désireux de dissiper les préventions accumulées par l'absence, espérant reconquérir l'ascendant qu'il avait l'habitude d'exercer sur cette âme impressionnable et mobile, se présente à la porte de son ami, qui ne lui permet point de pénétrer jusqu'à lui. Sans se laisser rebuter par un procédé auquel il ne pouvait s'attendre, il se hâte de lui écrire la lettre la plus affectueuse, la plus pressante, qui fait apercevoir, sous l'austérité de son caractère, la délicatesse de ses sentiments; aussi, bien qu'elle ait été déjà lue à cette place même (c), je la mets une seconde fois sous vos yeux :

« On m'a dit hier à votre porte que j'aurais pu vous voir dans la matinée, mais que mon laisser-passer était retiré. Je n'en conclus rien, si ce n'est que vous aviez besoin de repos. Il y a entre nous de l'ineffaçable. Nous nous connaissons intimement; nous nous sommes montré nos âmes. Nous n'en serons jamais à l'apologie... Je vous aime avec tendresse, et plus d'une fois les larmes me sont venues aux yeux en songeant à vous. J'y pensais sans cesse en écrivant mon discours d'hier, et je regrettais le temps où je vous l'aurais montré et où vous l'auriez approuvé. Rien n'est changé, ni dans mes affections, ni dans mes sentiments politiques. Je suis prêt à chercher avec vous, à recevoir de votre conscience ce qui peut terminer cette crise. Je ne vous demande que de communiquer avec moi par vous-même, par vos impressions et non par celles des autres. »

Rien ne put empêcher le choc : l'amitié elle-même fut brisée. Croyant sans doute atténuer le mal, M. de Serre informa Royer-Collard (qui, depuis longtemps, avait donné sa démission de président de la commission de l'instruction publique, et que sa destitution avait laissé sans aucun traitement), que le roi lui accordait le titre de conseiller d'État honoraire et une pension de 10.000 francs sur le Sceau. Le refus ne se fit pas attendre; il fut admirable de dignité. Royer-Collard l'adressait « non au ministre, non à l'ancien ami, dont il détournait sa pensée, mais à l'homme qui, connaissant ses sentiments les plus intimes, » aurait dû, mieux que tout autre, apprécier sa conduite. Il finissait par ces mots : « Vous dites que Sa Majesté compte sur moi, elle rend justice à mes sentiments. Une disgrâce honorable, encourue pour son service, est un attrait de plus pour ma fidélité. »

Cette rupture changeait, non les opinions, mais la situation politique de Royer-Collard. Jusque-là, sans avoir été membre d'aucun ministère, il avait participé à la direction du gouvernement. Depuis ce moment, sans devenir l'ennemi de la royauté, il va prendre progressivement la direction de l'opinion publique. Son rôle grandit chaque jour au milieu des fautes amoncelées de ses adversaires. M. de Richelieu, qui n'était rentré au ministère que sur l'assurance d'un appui presque royal, venait d'être obligé de se retirer. Il était remplacé par M. de Villèle, le chef habile et parlementaire de la droite, l'organe du comte d'Artois, l'espérance de tous ceux qui n'avaient que des regrets ; dès lors, il n'est pas un seul principe cher à la France moderne que la réaction ne menace; il n'en est pas un seul que Royer-Collard ne défende.

Il défend le jury, sauvegarde de la liberté de la presse; la liberté de la presse, dernier refuge de la démocratie, exilée de la loi électorale ; la démocratie, œuvre de la Providence, à laquelle il rend grâce d'appeler aux bienfaits de la civilisation un plus grand nombre de ses créatures; il revendique la spécialité du vote des dépenses, qu'il qualifie moins une question de principe qu'une affaire de probité ; il prend en main la cause des instituteurs laïques, que délaissait le ministre chargé de l'instruction publique ; il protége les membres de la minorité de la Chambre contre les insinuations d'une procédure criminelle qui n'ose les frapper d'une accusation précise; il s'oppose à l'expulsion de Manuel, dont la personnalité ne lui est pas sympathique, mais représente l'inviolabilité de la tribune ; il refuse les crédits extraordinaires demandés pour la guerre d'Espagne, qui lui apparaît comme une atteinte portée à l'indépendance des peuples et comme un blâme posthume jeté sur la mémoire de ceux qui sont morts à Fleurus, à Zurich, pour sauver l'intégrité du sol national ; enfin, dans son discours sur la septennalité, il s'élève contre les manœuvres électorales qui ont donné au ministère une majorité voisine de l'unanimité, contre l'omnipotence parlementaire qui se croit tout permis, même de suspendre les élections pendant sept années et de violer ainsi « la chasteté constitutionnelle de la Charte. »

Après le vote de la loi sur la septennalité, rien ne contient plus la majorité. Elle est victorieuse au dehors ; elle est victorieuse au dedans ; elle est maîtresse du présent ; elle se croit assurée d'un avenir indéfini, parce qu'elle s'est assuré un avenir septennal. C'est le temps où l'on peut dire, avec Royer-Collard, que le moyen âge est plus en faveur auprès du ministère que le régime constitutionnel, où l'on accepte la loi sur le sacrilége, où l'on tente le rétablissement du droit d'aînesse, où l'on appréhende une nouvelle législation sur le mariage, où l'on se félicite, comme d'un bonheur inespéré, d'échapper à une loi sur le blasphème.

En toutes circonstances, Royer-Collard est au premier rang des adversaires du ministère ; la mort frappe autour de lui les Camille Jordan, les Foy ; le scrutin, non moins cruel que la mort, le laisse presque isolé dans les Chambres : il supplée au nombre par l'activité, et, toujours conforme à lui-même, il cherche sa force dans la modération.

Écoutez dans quels termes élevés il proteste contre la confusion que l'on s'efforce d'établir entre la loi divine et la loi humaine :

« Les sociétés humaines, disait-il, naissent, vivent et meurent sur la terre ; là s'accomplissent leurs destinées ; là, se termine leur justice imparfaite et fautive, qui n'est fondée que sur le besoin et le droit qu'elles ont de se conserver. Mais elles ne contiennent pas l'homme tout entier. Après qu'il s'est engagé à la société, il lui reste la plus noble partie de lui-même, ces hautes facultés par lesquelles il s'élève à Dieu, à une vie future, à des biens inconnus dans un monde invisible. Ce sont les croyances religieuses, grandeur de l'homme, charme de la faiblesse et du malheur, recours inviolable contre les tyrannies d'ici-bas. Reléguée à jamais aux choses de la terre, la loi humaine ne participe point aux croyances religieuses : dans sa capacité temporelle, elle ne les connaît, ni ne les comprend ; au-delà des intérêts de cette vie, elle est frappée d'ignorance et d'impuissance. Comme la religion n'est pas de ce monde, la loi humaine n'est pas du monde invisible ; ces deux mondes, qui se touchent, ne sauraient jamais se confondre : le tombeau est leur limite. »

Il n'est ni moins ferme ni moins mesuré, lorsque, en face de la Contre-Révolution toute-puissante, il glorifie la Révolution française : « Oui, Messieurs, avec la Révolution a été établi le principe de l'égalité des partages. Mais avec la Révolution sont nés bien d'autres principes. Je me trompe, ces principes étaient éternels comme la justice, et cette date ne fut que celle de leur promulgation. Pourriez-vous me dire dans quelle loi étaient écrits, avant 1789, les droits publics des Français, l'égalité devant la loi, la liberté de conscience, la liberté de la presse ? Il ne faut pas demander sans cesse à la Révolution des souvenirs irritants, qui ne sont propres qu'à troubler et diviser les esprits; elle a fait beaucoup de mal, mais elle a fait aussi quelque bien; elle a été l'origine de beaucoup d'erreurs, mais elle est aussi la date de beaucoup de vérités. »

Ce fut la période la plus brillante, la plus populaire de la vie de Royer-Collard. Tous ses échecs politiques étaient des succès oratoires. Mais là n'était point la pensée qui le soutenait dans la lutte : il avait l'âme assez haute pour dédaigner les faveurs de la fortune; ce qui lui importait, c'était l'accomplissement du devoir; on serait tenté de croire que, dans l'amertume de ses déceptions, il découvrait quelque douceur secrète et qu'il redoutait moins, pour sa grandeur morale, l'humiliation de la défaite que l'enivrement du triomphe : « Malheur sans doute aux vaincus, disait-il; cependant, quel que soit leur sort, ils sont moins à plaindre qu'on ne pense; ils ont le dédommagement inestimable d'ignorer à jamais et de laisser ignorer au monde où ils se seraient eux-mêmes arrêtés, si la fortune eût livré dans leurs mains leurs adversaires. »

Cependant un jour vint où le destin contraire parut se lasser. M. de Villèle avait échoué dans la question du droit d'aînesse; il ne voulut pas rester sur un échec : n'ayant pu porter atteinte à l'égalité sociale, il se retourna contre une liberté politique. L'interminable question de la presse fut ravivée. Dès l'ouverture de la session de 1826-1827, un projet de loi fut présenté. C'était un code nouveau, qui organisait le dépôt préalable de tout imprimé, établissait le timbre, transportait la responsabilité de l'éditeur aux propriétaires du journal, autorisait la poursuite d'office du délit de diffamation, soumettait les imprimeurs à la solidarité du paiement des amendes, aggravait aussi considérablement les peines réglées par les lois précédentes : mesures diverses, dont plusieurs se sont acclimatées depuis lors, mais qui, en 1827, paraissaient un assemblage monstrueux destiné à étouffer la liberté de la presse.

La lecture du projet souleva une réprobation générale; l'opinion publique se sentait non moins insultée que menacée. Personne n'avait encore enseigné au peuple qu'il ne doit avoir souci que de ses jouissances matérielles et qu'il n'a que faire des libertés publiques. Aussi l'indignation, au dire d'un membre de la droite, se manifestait, non-seulement dans les salons, mais encore dans les comptoirs, dans les échoppes. L'Académie française ne crut pas sortir de ses attributions en prenant la défense des franchises de l'esprit humain; MM. Michaud, de Lacretelle, Villemain, subirent volontairement la destitution des emplois qu'ils occupaient, pour unir leurs protestations à celles de leurs collègues. Des orateurs appartenant aux diverses nuances de l'opinion montèrent à la tribune pour lutter contre les exigences ministérielles. Mais, dans toute cette discussion, le discours qui répondit le mieux au sentiment public fut celui de Royer-Collard. Il avait combattu la loi sur la septennalité comme contraire à la sagesse politique, la loi sur le sacrilége comme s'attaquant à la philosophie, à la religion ; il combattit la loi proposée comme portant atteinte aux droits imprescriptibles de l'humanité. « Dans la pensée intime de la loi, s'écria-t-il, il y a eu de l'imprévoyance, au grand jour de la création, à laisser l'homme s'échapper libre et intelligent au milieu de l'univers ; de là sont sortis le mal et l'erreur. Une plus haute sagesse vient réparer la faute de la Providence, restreindre sa libéralité imprudente, et rendre à l'humanité, sagement mutilée, le service de l'élever enfin à l'heureuse innocence des brutes.... Juste punition d'une grande violation des droits publics et privés, qu'on ne puisse la défendre qu'en accusant la loi divine ! »

Le vote fut favorable au Ministère. Mais le Roi, averti par le discours de Royer-Collard et informé des dispositions hostiles de la Chambre des Pairs, fit retirer le projet de loi.

Cette initiative du souverain ne fut pas la seule récompense de l'orateur libéral. Quelques jours après, l'Académie française avait une élection à faire pour le fauteuil laissé vacant par la mort de M. de Laplace. Malgré les dissentiments qui souvent se font jour dans les votes de la docte Assemblée et attestent que la supériorité des intelligences n'empêche pas la diversité des opinions, Royer-Collard fut élu à l'unanimité. Ses rivaux s'étaient spontanément désistés de toute candidature, comme pour joindre par avance leurs suffrages à ceux de leurs juges communs.

Ce fut à la campagne qu'il se retira pour préparer son discours de réception ; c'était un travail qui l'effrayait quelque peu : « Je suis condamné, écrivait-il, à ce qu'il y a de plus antipathique à mes habitudes d'esprit, parler pour parler, sauf l'éloge de Laplace, qui est une belle matière, mais au-dessus de mes forces. » Il se trompait. Son discours réussit pleinement auprès de l'Institut et du public d'élite qui se presse à ces solennités littéraires. Le récipiendaire remercia ses collègues d'avoir, par une indulgente fiction, moins considéré ses titres personnels que ceux de la Tribune française ; il reportait ainsi généreusement une partie de la faveur dont il était l'objet sur les Camille Jordan, les de Serre, les Foy, « ses nobles compagnons, ses illustres amis, qu'une mort prématurée avait ravis à la patrie et aux suffrages de l'Académie. » Il célébra l'alliance de la Tribune et des Lettres, le beau qui est l'objet de la Littérature, l'heureuse influence exercée sur les Lettres par la Liberté,

« source naturelle des grandes pensées aussi bien que des grandes actions »; il justifia sa confiance dans la Liberté par des exemples empruntés aux grands siècles littéraires et à la Restauration elle-même, arrivant ainsi par des transitions insensibles à l'éloge de M. de Laplace, digne des hommages de la postérité au triple titre de géomètre, de philosophe et d'écrivain. Nous devons rappeler ce que Royer-Collard a dit de l'écrivain, parce que l'on peut justement le répéter de lui-même : « A une précision et une simplicité antiques, M. de Laplace joint le mérite si rare de cette suite, de cette progression, de cette correspondance intime de toutes les parties qui est l'art de la composition et le secret des intelligences supérieures. Dans ce tissu parfait, image de l'enchaînement naturel des causes et des effets, tout est nécessaire, et chaque mot comme chaque idée occupe sa meilleure place, et ajoute à la valeur de ce qui précéde et de ce qui suit. L'écrivain s'élève cependant, mais avec son sujet, naturellement et sans efforts ; si le beau naît sous sa plume, il ne le cherchait pas, il l'a rencontré. On pourrait dire aussi de ce style qu'il est indécomposable, parce qu'il est l'homme même. »

Non moins que son prédécesseur, Royer-Collard est indécomposable ; chez lui tout se tient, tout s'enchaîne : on ne peut le résumer, sans briser un des anneaux de son raisonnement. Comme autrefois à la barre, comme autrefois dans sa chaire, il ne prenait jamais la parole devant la Chambre sans avoir longuement médité ses discours et les avoir notés par écrit. On nous raconte qu'il les lisait à demi, ne dissimulant pas son manuscrit, qu'il laissait ouvert devant lui sur le bord de la tribune, dominant l'auditoire de sa taille haute et forte, s'imposant par la majesté de l'attitude, l'austérité du visage, la pénétration du regard, la gravité de la voix. Malgré l'intensité de la préparation à laquelle il soumettait son œuvre, il n'en était jamais satisfait, et il est probable qu'il ne s'en serait point dessaisi, s'il n'y avait été contraint par la nature même de son rôle parlementaire. Il s'était proposé pour modèles les grands prosateurs du xviie siècle, et, pour ne pas leur demeurer inférieur, « vingt fois sur le métier remettait son ouvrage. » C'est une telle concentration d'efforts qui donne à son éloquence sa véritable originalité ; ses discours sont de ceux qui perdent peu à être lus et gagnent beaucoup à être relus. On est à chaque instant surpris de la profondeur de la pensée et du relief de l'expression. Sa phrase est incisive comme un burin ; son style a le poli et le brillant du marbre, mais il n'en a pas la froideur. Sans doute c'est à la raison surtout qu'il s'adresse, mais il n'ignore pas comment on frappe l'esprit par des images saisissantes et par la splendeur des descriptions ; les siennes joignent la netteté du trait à la vivacité du coloris. Enfin, lorsque le sujet le comporte, il manie habilement l'ironie, l'allusion, l'apostrophe, émotion ; mais ses mouvements oratoires sont toujours contenus, et, à ce titre, il devait, plus qu'aucun autre orateur, trouver grâce devant les arbitres du goût.

En sortant de la séance de l'Académie, Royer-Collard partit pour Vitry, appelé dans son arrondissement par des élections nouvelles. La Chambre, qui s'était décerné la septennalité, voyait ses forces diminuer de session en session ; il en était de même du ministère : il semblait que son autorité morale fût d'autant plus faible que son autorité légale était plus étendue. Les élections lui apparurent comme sa dernière ressource ; mais ses combinaisons furent déjouées : le scrutin tourna contre lui, et M. de Villèle eut pour successeur M. de Martignac.

La nouvelle administration, qui exprimait les tendances générales de la Chambre récemment élue, se rapprochait également des opinions de Royer-Collard. Lui-même représentait, on peut le dire, la véritable pensée de la nation, libérale sans être révolutionnaire, conservatrice, mais hostile à toute tentative de réaction. Le pays venait en effet de l'honorer d'une septuple élection, sorte de manifestation plébiscitaire, dont la signification était au-dessus de toute controverse, parce qu'elle ne procédait ni de la nécessité, ni de la terreur, ni de la surprise, mais bien de la spontanéité et de la reconnaissance du sentiment public.

Cette désignation populaire était une indication pour ses collègues, qui le portèrent à la Présidence sur une liste de cinq noms, au milieu desquels il obtint la préférence du roi. Cette haute situation, que l'un de ses successeurs déclarait la première dignité de l'État, convenait merveilleusement à son caractère : grave, austère, impartial, inspirant confiance à la droite par son royalisme de vieille date, à la gauche par son libéralisme indéniable, il fut bientôt entouré du respect de tous ses collègues. Son autorité devint telle, que, par une déférence peu commune dans les fastes parlementaires, les orateurs des opinions extrêmes avaient pris l'habitude de lui soumettre leurs discours et de lui demander la limite qu'ils devaient observer dans l'expression de leurs pensées et de leurs récriminations. Son prestige survécut même à ses fonctions; car vous vous rappelez, Messieurs, ce qui vous a été raconté avec tant d'esprit (d) : l'inexpérience de Dupin dans les premiers temps de sa présidence, l'inutilité de ses efforts pour assujettir sa nature primesautière à l'impassibilité philosophique de Royer-Collard, sa docilité à prendre du moins pour guide celui qu'il n'avait pu prendre pour modèle, et l'originalité toute caractéristique avec laquelle il lui marquait sa reconnaissance, en lui donnant sa voix dans la circonscription de Clamecy, où, en l'absence de tout concurrent, il lui répugnait de mettre son propre nom dans l'urne électorale.

Cependant ni l'autorité de Royer-Collard, ni le talent plein de charme de M. de Martignac, n'arrivaient à dominer la situation. La France, calme en apparence, était inquiète en réalité. Dans le roi, elle craignait, à chaque instant, de retrouver le comte d'Artois ; en vain le ministère avait-il obtenu quelque concession libérale : on se disait qu'un homme, quel qu'il soit, obéit plus qu'il ne le croit lui-même, aux doctrines qui ont été celles de toute sa vie et que, si elles paraissent momentanément sacrifiées, tôt ou tard elles reprennent leur empire. Ces pressentiments étaient partagés par Royer-Collard. Comprenant la gravité d'une crise, il s'efforçait de la retarder : à la cour, où l'appelaient ses fonctions officielles beaucoup plus que ses goûts personnels, il donnait, avec franchise, des conseils bien accueillis, mais mal compris; dans la Chambre, il usait de son pouvoir pour écarter toute discussion irritante. Mais la sagesse d'un seul homme ne peut suppléer à la sagesse de tout un parti. Le cabinet Martignac, vaincu dans la discussion d'une loi libérale, fut emporté par l'impatience de ceux qui voulaient une loi plus libérale encore.

La session de 1830 s'ouvrit par le discours du trône, où Charles X affirmait sa confiance dans le concours des Chambres pour opérer le bien qu'il voulait faire. Ces paroles, en elles-mêmes, ne renfermaient rien qui pût effrayer l'opinion ; mais le choix du premier ministre leur donnait une signification redoutable, et cette signification était encore aggravée par les discours de fonctionnaires haut placés, les articles de journaux ultra-royalistes et les pamphlets qui réclamaient une dictature royale, dont ils indiquaient la source légale dans l'article 14 de la Charte.

Royer-Collard, maintenu à la présidence de la Chambre, crut qu'il était opportun de dire, au roi Charles X sur le trône, toute la vérité, aussi loyalement qu'il l'avait dite à Louis XVIII dans son exil, et de faire au discours royal une réponse respectueuse, mais ferme. Il avait espéré que la Chambre des Pairs aurait puisé dans son indépendance, dans son dévouement, dans son libéralisme, l'énergie d'une attitude significative. Il vit le contraire avec regret, mais il persista dans sa détermination.

Les usages ne permettaient point de confier directement au président de la Chambre la rédaction de l'Adresse. Afin d'écarter toute arrière-pensée d'hostilité systématique, cette mission fut donnée à un député connu pour ses opinions royalistes, M. Gautier. Il l'écrivit, non sous la dictée, mais sous l'inspiration de Royer-Collard. Pendant cinq jours, la perplexité de celui-ci fut grande ; il connaissait les dangers de la situation. Depuis deux ans qu'il approchait Charles X, il ne cessait de répéter à l'opposition : « Ne poussez pas trop vivement le roi, personne ne sait à quelle folie il pourrait se porter.» Mais, d'un autre côté, il voulait sauvegarder la dignité de la Chambre, les droits de la nation, et arrêter la royauté sur la pente qui la conduisait à l'abîme. Il attendait ce résultat d'une démarche décisive : l'adresse de 1828 avait entraîné la chute du ministère de Villèle ; pourquoi placerait-on de moindres espérances dans l'Adresse de 1830?—De ces longues réflexions, de ces méditations consciencieuses sortirent les six derniers paragraphes devenus historiques de l'Adresse des 221 : jamais dévouement plus profond, plus loyal, n'avait parlé un langage plus sincère et plus franc ; la Chambre prouvait sa fidélité à la royauté en refusant le concours qu'elle sollicitait pour de néfastes projets.

L'adresse votée, c'était au président de la Chambre qu'il appartenait d'en donner lecture au roi. Royer-Collard s'acquitta de cette mission, simplement, dignement, avec une émotion que trahissait son visage, et en s'efforçant d'atténuer, par l'accent respectueux de sa voix, les passages qui pouvaient le plus se heurter aux susceptibilités royales.

On sait ce qui a suivi

Royer-Collard avait dit un jour, qu'à côté de la responsabilité morale que subissent les ministres par la critique de leur administration, il y a cette responsabilité tragique qui est écrite dans l'accusation et le jugement des ministres par les Chambres. La France fit appel à une responsabilité plus tragique encore, qu'elle fit peser sans merci sur ses provocateurs.

Pendant les événements de juillet 1830, Royer-Collard, triste, inquiet de l'avenir, était demeuré à sa campagne de Châteauvieux. Il avait donné au roi légitime tous les avertissements que lui avaient dictés sa prévoyance et son dévouement ; il s'était aperçu de l'inanité de ses efforts ; mais il ne pouvait songer à précipiter lui-même la réalisation de ses craintes. Que deviendrait-il sans la légitimité? Il va bientôt écrire à un de ses amis, avec une certaine exagération qu'explique l'intimité de la correspondance : « Je ne me sentais de vocation libérale qu'avec la légitimité. » Elle lui paraissait un contre-poids nécessaire pour obtenir l'équilibre des forces diverses dans la balance politique. Une révolution le jetterait dans un monde nouveau, inconnu, redouté. Il avait préconisé une politique de principes et proclamé la souveraineté de la raison et de la justice ; il augurait mal d'une politique vouée au culte des intérêts matériels ou soumise à la souveraineté du nombre. Mais, malgré ses désillusions, il ne voulut point désespérer de son pays.

Une fois la révolution accomplie, il revint à Paris, prêta serment le 11 août, engagea plusieurs députés à suivre son exemple, et reprit sa place à la Chambre, dans les rangs du centre gauche, pour y remplir modestement et assidûment les devoirs de son mandat. Mais il se tiendra dorénavant à l'écart, et il ne sortira de l'effacement volontaire auquel il s'est condamné que dans les circonstances qui mettront en jeu ses affections ou ses convictions les plus profondes. C'est ainsi qu'avec MM. Guizot, Thiers et Berryer, il défendra l'hérédité des membres de la Chambre haute, loi nécessaire de la pairie, disait-il, principe d'ordre et de résistance contre les entraînements de la royauté aussi bien que contre ceux de la démocratie. Quelques mois plus tard, lorsque le ministre qui donnait tant d'espérances à la monarchie de juillet, mourra frappé d'un mal soudain et implacable, Royer-Collard prendra la parole à ses funérailles, pour le féliciter hautement d'être devenu le modérateur d'une révolution qu'il n'avait point appelée, pour rendre hommage à ses rares qualités, « à son caractère énergique jusqu'à l'héroïsme, à son esprit doué de ces instincts merveilleux qui sont comme la partie divine de l'art de gouverner et exhorter ses concitoyens à achever son ouvrage « en élevant sur sa tombe le drapeau de l'ordre. »

Mais, dans sa pensée, l'ordre ne se séparait jamais de la liberté : ni les complots, ni les crimes n'ébranlaient sa confiance. Ses amis, maîtres du pouvoir, venaient de proposer les lois de septembre ; relevant à peine de maladie, il reparaît à son banc de député et soutient une dernière lutte en faveur de la presse. Il ne voulait point que la Chambre des pairs elle-même s'enrichît « des dépouilles du jury. » Sa parole eut je ne sais quelle grandeur sereine, qui était comme le reflet de la mort qu'il venait d'entrevoir :

« Non, Messieurs, dit-il, tout n'est pas perdu : Dieu n'a pas retiré sa main, il n'a pas dégradé sa créature faite à son image ; le sentiment moral qu'il lui a donné pour guide et qui fait sa grandeur ne s'est pas retiré des cœurs. Le remède que vous cherchez est là, et n'est que là. Les remèdes auxquels M. le président du conseil se confiait hier, illusion d'un homme de bien irrité, sont des actes de désespoir, et ils porteraient une nouvelle atteinte à la liberté, à cette liberté dont nous semblons avoir perdu à la fois l'intelligence et le besoin, achetée cependant par tant de travaux, de douleurs, de sang répandu pour sa noble cause. Je rejette ces remèdes funestes, je repousse ces inventions législatives où la ruse respire ; la ruse est sœur de la force, et une autre école d'immoralité. Ayons plus de confiance dans le pays, Messieurs, rendons-lui honneur. Les sentiments honnêtes y abondent ; adressons-nous à ces sentiments. Ils nous entendront, ils nous répondront. Pratiquons la franchise, la droiture, la justice exactement observée, la miséricorde judicieusement appliquée. Si c'est une révolution, le pays nous en saura gré, et la Providence aidera nos efforts. »

L'impression produite fut immense, et il ne fallut pas moins qu'une discussion prolongée pendant quatre séances pour permettre à la majorité ministérielle de se retrouver au moment du scrutin.

Ce discours marqua le terme des grands succès de tribune de Royer-Collard, mais non le terme de son influence. On rapporte qu'en 1837, à la suite de plusieurs tentatives d'assassinat dirigées contre le roi et la famille royale, le cabinet, présidé par M. Molé, voulait revenir sur l'une des réformes opérées en 1832 et rétablir dans le Code pénal les articles qui punissaient la non-révélation des crimes attentatoires à la sûreté de l'État : Royer-Collard informa le chef du cabinet que, si la discussion était portée devant la Chambre, il se proposait d'y prendre part pour combattre le projet du Gouvernement, lui offrit de lui faire connaître le discours qu'il se réservait de prononcer, lui en donna effectivement lecture, et fut assez heureux pour le détourner d'un dessein qui froissait vivement le sentiment national.

Dans l'intervalle de ces rares discours, Royer-Collard assistait en spectateur plutôt qu'en acteur aux débats qui remplissent la première moitié de la Monarchie de Juillet; il n'accordait qu'une attention dédaigneuse aux changements ministériels, aux fluctuations de la majorité, aux manœuvres des partis, aux habiletés de la stratégie parlementaire. Il se consolait de la tristesse que lui inspiraient les hommes et les choses par une ironie d'autant plus mordante, qu'elle s'alliait toujours chez lui à une gravité soutenue.

Sa verve, paraît-il, était inépuisable, et l'on va même jusqu'à dire que l'on attribuait à M. de Talleyrand une partie des saillies dont il était l'auteur. La confusion toutefois peut sembler difficile, et l'on croirait volontiers qu'il avait le mot moins gracieux et plus rude que le fin diplomate, son voisin de campagne. En tout cas, personne n'était assuré de demeurer hors de ses atteintes; il savait frapper loin, haut et fort. Il appréciait ainsi deux hommes d'État : « Un tel n'a pas le sentiment du bien et du mal; un tel l'a, mais il passe outre. » Au temps de la coalition de 1839, il disait fréquemment : « J'ai vu mieux, j'ai vu pis, mais je n'ai jamais rien vu de pareil. » Un jour, rencontrant un homme illustre, récemment décoré d'un nouveau titre, il l'aborde en lui disant : « Je vous fais mon compliment, monsieur, cela ne vous diminue pas. » Dans une autre circonstance, interrogé sur son opinion touchant une histoire des premières années de ce siècle, histoire célèbre, moins célèbre cependant que ne le sera l'historien lui-même : « Quand j'ai reçu cet ouvrage, répondit-il, je relisais les histoires de Tacite. » Mot profond, qui nous livre le secret de son style et de son caractère, et nous explique la concision énergique de l'un et l'indépendance hautaine de l'autre.

Si l'on veut, pendant cette dernière période, connaître les opinions de Royer-Collard, il faut les demander aux communications qu'il adressait à ses électeurs; elles montrent qu'il acceptait sa défaite sur la forme du gouvernement, mais ne se désintéressait pas des grands problèmes qui constituent le fond de la vie des peuples : « Vous le voyez, disait-il à ses commettants, les royautés passent, les gouvernements changent de principes et de forme, les opinions contraires prévalent et succombent tour à tour. Mais, au-dessus de ces vicissitudes, règne la question permanente, la question souveraine de l'ordre ou du désordre, du bien ou du mal, de la liberté ou de la servitude. C'est là qu'il faut prendre parti avec fermeté. » Et c'est ce qui le décide à rester quelque temps sur la brèche.

Mais enfin le moment arrive où il se sent invinciblement éloigné des affaires publiques, qui ne lui offrent plus ni intérêt ni but; il décline les suffrages des électeurs qui, pendant vingt-cinq années, lui avaient été aussi fidèles qu'il avait été lui-même fidèle à ses doctrines et à ses principes.

En les quittant, il leur dit combien il avait été touché de la persévérance de leur choix, qui, dans des jours d'instabilité universelle, le donnait en quelque sorte en spectacle à son pays.

On était en 1840. Royer-Collard renonçait à la politique, mais il ne renonçait point à l'activité intellectuelle. Il était du nombre de ces travailleurs infatigables que la vieillesse respecte et conduit intacts jusqu'au seuil d'une vie nouvelle. Même au milieu de l'agitation de sa vie publique, il réservait une part de son temps, la meilleure à son gré, au culte des belles-lettres, et si, en politique, il avait mis sa fierté à demeurer plébéien, comme ces grandes familles romaines qui marchaient de pair avec le patriciat, en littérature il était en relation continue avec l'aristocratie intellectuelle de l'antiquité et du xviie siècle : Homère, Platon, Aristote, Thucydide, Corneille, Bossuet, Racine, Pascal. Sa prédilection pour les grands hommes des temps anciens et du siècle de Louis XIV ne détournait point son esprit de la littérature moderne ; il suivait avec assiduité les travaux de l'Académie et entretenait un commerce épistolaire avec quelques hommes éminents, au nombre desquels se comptent M. Guizot, dont il avait favorisé les débuts dans la carrière administrative et politique ; M. de Barante, le narrateur sincère de sa vie ; M. de Tocqueville, l'initiateur de l'Europe monarchique aux hardiesses des républiques américaines. L'œuvre de Tocqueville l'attirait particulièrement; il y voyait le livre de philospohie politique le plus remarquable qui ait été écrit depuis Montesquieu ; il y cherchait la loi de la démocratie, dont il avait dirigé lui-même les têtes de colonne, mais dont le corps de bataille lui semblait trop nombreux pour pouvoir efficacement entendre la voix du commandement, et il se demandait, avec quelque incrédulité, si la France pourrait, comme l'Amérique, lui donner une organisation qui atténuerait ses défauts et utiliserait ses ressources infinies.

Ces lectures, ces études, cette correspondance charmaient sa retraite loin de Paris, à sa campagne de Châteauvieux, où il menait une vie véritablement patriarcale, au milieu de sa famille, à laquelle il transmettait les enseignements austères qu'il avait reçus, entouré de ses métayers, objet constant de sa bienveillance et de sa sollicitude. C'est là qu'au sortir des orages de la politique et du tumulte de la cité, il goûtait le repos de l'esprit, le calme de la conscience, la sérénité de l'âme rendue à elle-même par le silence des champs et la contemplation de la nature. C'est là aussi qu'il voulut se recueillir pour se préparer à la mort.

Lors donc qu'il sentit l'approche de l'heure suprême, il quitta Paris, se rendit à Châteauvieux, interrogea le médecin qui le veillait avec l'intelligence de la science et le dévouement de la piété filiale (e), le somma en quelque sorte de fixer la longueur du répit que la maladie pouvait lui laisser, vit venir la mort avec fermeté, et voulut se soumettre, dans la plénitude de son intelligence, aux prescriptions de la religion qui avait formé son enfance et fortifié sa vie.

Son dernier vœu avait été de reposer dans le cimetière du village, loin des cérémonies pompeuses et des éloges funèbres. Ce désir fut scrupuleusement observé. Malgré la foule qui se pressait autour de son cercueil, son convoi fut silencieux, recueilli, paré de cette simplicité champêtre, qui sied mieux à la mort que de solennels et orgueilleux apprêts (f).

Mais dès que, sans enfreindre les ordres d'un mourant, la reconnaissance publique put librement se manifester, de grands honneurs furent rendus à sa mémoire. Le conseil de l'Université fit placer son portrait dans la salle de ses séances. Vitry, sa ville électorale, lui dressa sur l'une de ses places une statue, à l'inauguration de laquelle l'Académie française se fit représenter, pour rendre une deuxième fois hommage au grand orateur dont M. de Rémusat avait déjà prononcé l'éloge devant elle. Enfin, un ami, dévoué au-delà des dissentiments politiques et de la tombe, lui a élevé un monument plus indestructible que le marbre et le bronze, en recueillant ses discours et en racontant sa vie (*g*). C'est dans ce récit véridique qu'il se retrouve tout entier, avec ses doctrines monarchiques et ses vertus républicaines, respectueux envers une autorité nécessaire et bienveillante, mais ennemi de toutes les tyrannies, quelles qu'elles soient, révolutionnaire, administrative, impériale, parlementaire, royale; grand par le talent, plus grand encore par le caractère, par la pureté des mœurs, par la concordance de sa conduite privée et de sa conduite publique, champion inébranlable d'une cause qui est avant tout la nôtre, je veux dire, Messieurs, la cause du droit et de la justice.

NOTES

a. p. 8. — Nous avons pu prendre communication de ces précieux documents, grâce à la bienveillance extrême du petit-fils de Royer-Collard, M. Andral, qui fut avocat à la Cour d'appel de Paris, avant d'appartenir, comme conseiller d'abord et aujourd'hui comme vice-président, au Conseil d'État. — Nous tenons à lui exprimer ici toute notre reconnaissance.

b. p. 20. — Lettres écrites à M. de Tocqueville et publiées avec les œuvres de ce dernier, t. VII, p. 155 et 160.

c. p. 45. — Conf. : Éloge de M. de Serre, prononcé par M. Eugène Boucher, à la rentrée de la Conférence des Avocats, le 26 décembre 1867.

d. p. 57. — Conf. : Éloge de Dupin aîné, prononcé par M. Tommy Martin, à la rentrée de la Conférence des Avocats, le 15 novembre 1873.

e. p. 68. — M. Andral, gendre de Royer-Collard.

f. p. 68. — Royer-Collard mourut le 4 septembre 1845.

g. p. 69. — La vie politique de M. Royer-Collard, ses discours et ses écrits, par M. de Barante, de l'Académie française. Paris, Didier et C°, 1863.

Paris. — Typ. A. PARENT, rue Monsieur-le-Prince, 31.

www.ingramcontent.com/pod-product-compliance
Lightning Source LLC
LaVergne TN
LVHW020953090426
835512LV00009B/1881